Jendrik Flach

Chancen und Risiken der Stimmerkennung im Vergleich m.
Authentifizierungsverfahren

GRIN - Verlag für akademische Texte

Der GRIN Verlag mit Sitz in München hat sich seit der Gründung im Jahr 1998 auf die Veröffentlichung akademischer Texte spezialisiert.

Die Verlagswebseite www.grin.com ist für Studenten, Hochschullehrer und andere Akademiker die ideale Plattform, ihre Fachtexte, Studienarbeiten, Abschlussarbeiten oder Dissertationen einem breiten Publikum zu präsentieren.

Jendrik Flach

Chancen und Risiken der Stimmerkennung im Vergleich mit anderen biometrischen Authentifizierungsverfahren

GRIN Verlag

Bibliografische Information der Deutschen Nationalbibliothek: Die Deutsche Bibliothek verzeichnet diese Publikation in der Deutschen Nationalbibliografie; detaillierte bibliografische Daten sind im Internet über http://dnb.d-nb.de/ abrufbar.

1. Auflage 2009
Copyright © 2009 GRIN Verlag
http://www.grin.com/
Druck und Bindung: Books on Demand GmbH, Norderstedt Germany
ISBN 978-3-640-37390-1

LEUPHANA
UNIVERSITÄT LÜNEBURG

Hausarbeit zum Thema

"Chancen und Risiken der Stimmerkennung im Vergleich mit anderen biometrischen Authentifizierungsverfahren"

im Fachbereich

Wirtschaftsinformatik (SEM)

(Wirtschaftsinformatik 2)

Wintersemester 2008/2009

vorgelegt von:

Jendrik Flach

Betriebswirtschaftslehre (B.A.), 5. Semester

Lüneburg, den 27.03.2009

Inhaltsverzeichnis

Abkürzungsverzeichnis

BDSG = Bundesdatenschutzgesetz

bzw. = beziehungsweise

ca. = circa

d. h. = das heißt

ePass = elektronischer Pass

etc. = et cetera (und so weiter)

evtl. = eventuell

FAR = False Acceptance Rate

FRR = False Rejection Rate

FTA = Failure to Acquire

FTE = Failure to Enrole

ggf. = gegebenenfalls

ISO = International Organization for Standardization

IEC = International Electrotechnical Commission

LDSG = Landesdatenschutzgesetz

o. ä. = oder ähnlich

PC = Personal Computer

SGB = Sozialgesetzbuch

u.a. = unter anderem

usw. = und so weiter

z.B. = zum Beispiel

Tabellenverzeichnis

Einleitung

Der Einsatz von biometrischen Authentifizierungsmaßnahmen spielt in zunehmendem Maße eine zentrale Rolle bei der Optimierung von Sicherheitskonzepten wie z. B. bei Zutrittskontrollen, Grenz- und Einwanderungskontrollen, in den Bereichen der Informationstechnologie, der Terrorismusbekämpfung, bei Banken und Firmen mit besonders zu schützenden Betriebsgeheimnissen. In unserer elektronisch kommunizierenden Welt ist es von besonderer Wichtigkeit, Identitäten und die dazugehörenden Rechte mit den richtigen Personen zu verbinden, die der Identität entsprechen[1]. So setzt die USA nach dem 11. September 2001 im Rahmen der Terrorismusbekämpfung u. a. auf die Fingerabdruck- und Iriserkennung bei den Grenz- und Zugangskontrollen, und auch die breite Bevölkerung Deutschlands ist durch die Einführung des ePasses, des sogenannten „Biometrischen Reisepasses", am 1. November 2005 mit dem Begriff „Biometrie" konfrontiert worden[2]. Die Feststellung und Bestätigung einer Identität mittels fälschungssicherer personengebundener Körpermerkmale stellt eine viel versprechende Alternative zu den zzt. gebräuchlichen und in der Handhabung nicht unproblematischen Authentifizierungsmethoden mittels Lichtbildausweis, Passwort, PIN etc. dar. Beispielsweise kann eine PIN vergessen werden, ein Passwort durch Diebstahl missbräuchlich verwendet werden und ein Ausweis gefälscht werden oder verloren gehen. Ziel dieser Arbeit ist es, von mir ausgewählte biometrische Authentifizierungsmaßnahmen mit der Stimmerkennung zu vergleichen und das darin enthaltene Zukunftspotential sowie Risiken darzustellen.

1 Authentifizierung

Durch die fortschreitende Globalisierung und die zunehmende Anonymität in modernen Informationssystemen besteht immer mehr die Notwendigkeit, dass sich eine Person gegenüber einem System oder einer anderen Person authentifiziert, d. h., es muss geprüft werden, ob die Person auch diejenige ist, „die sie zu sein vorgibt"[3]. Der Abgleich bei dieser sogenannten Verifikation erfolgt 1:1, im Gegensatz zur

---

[1] Vgl. Veronika Nolde & Lothar Leger: Biometrische Verfahren – Körpermerkmale als Passwort, S. 15, ff.
[2] Vgl. Jöran Beel & Béla Gipp: EPass – der neue biometrische Reisepass, S. 27.
[3] http://www.bsi.bund.de/fachthem/biometrie/dokumente/Technische_Grundlagen.pdf, S. 1 (Stand: 12.03.2009, 09:53).

Identifikation, bei der die Identität einer Person aus einem undefinierbaren Personenkreis herausgesucht wird. Hier erfolgt der Abgleich 1:n.[4] Die Authentifizierung erfolgt - häufig auch in Kombination -

- durch ein bestimmtes Faktenwissen dieser Person, das der Geheimhaltung unterliegt, z. B. in Form einer PIN, eines Passwortes;
- durch Besitzelemente, die vor dem Zugriff Dritter gesichert sein müssen, z. B. in Form einer Chipkarte, eines Schlüssels, eines Ausweises

oder

- durch eindeutige körperliche Merkmale einer Person, wie z. B. Sprache, Fingerabdruck, Handlinienstruktur, DNS, Gesichtsgeometrie und Iris, die sogenannten biometrischen Charakteristika, die unmittelbar an die Person gebunden sind.[5]

Die Nachteile der Authentifizierung durch Wissen bzw. Besitz wurden bereits angerissen, hinzuzufügen ist, dass bei beiden Methoden nicht eindeutig festgestellt werden kann, ob der aktuelle Nutzer auch der Berechtigte ist.

2 Biometrie

Das Wort Biometrie setzt sich zusammen aus den griechischen Wörtern bios (= ‚Leben') und metron (= ‚Maß')[6]. Nach dem Duden-Fremdwörterbuch ist Biometrie die „Wissenschaft von der Zählung u. (Körper)messung an Lebewesen"[7]. Die Internationale Organisation für Normung (ISO) hat in Zusammenarbeit mit der Internationalen Elektrotechnischen Kommission (IEC) Biometrie als die „automatisierte Erkennung von Individuen anhand ihrer verhaltensmäßigen und biologischen Charakteristika"[8] definiert. Die zweite, für diese Arbeit nicht relevante Variante der

---

[4] Vgl. http://www.bsi.bund.de/fachthem/biometrie/dokumente/Technische_Grundlagen.pdf, S.1 (Stand: 12.03.2009, 09:53).
[5] Vgl. Michael Behrens & Richard Roth: Biometrische Identifikation – Grundlagen, Verfahren, Perspektiven, S. 12, 13.
[6] Vgl. Brockhaus: Enzyklopädie in 30 Bänden, Bd. 4, S. 156, Bd. 18, S. 355.
[7] Duden „Das Große Fremdwörterbuch„, S. 205.
[8] http://www.bromba.com/faq/biofaqd.htm, S. 4 (Stand: 24.02.2009, 17:19).

Biometrie befasst sich vor allem mit der Statistik, einem Teilgebiet der empirischen Forschung.[9]

2.1 Biometrische Charakteristika

Für ein Erkennungssystem ist die Wahl des biometrischen Merkmals von großer Bedeutung. Die biometrischen Charakteristika eines Menschen werden in drei Kategorien unterteilt, wobei bei einem Charakteristikum in der Regel alle drei Kategorien in unterschiedlicher Gewichtung vorhanden sind. Die genotypischen Merkmale wie beispielsweise die Gesichts- und Handgeometrie entstehen durch Vererbung. Die randotypischen wie Irismuster und Venenstruktur der Hand entstehen durch Zufallsprozesse in einer Frühphase der embryonalen Entwicklung. Die konditionierten Charakteristika wie z. B. Handschrift und Gang sind verhaltensgesteuert, können also antrainiert und dadurch auch im Laufe des Lebens geändert werden.[10]

Der Verwendung randotypischer Charakteristika kommt für die biometrische Erkennung eine besondere Bedeutung zu, da sie nicht der Körpersymmetrie folgen (z. B. haben rechte und linke Iris unterschiedliche Feinstrukturen) und diese Charakteristika selbst bei eineiigen Zwillingen Unterschiede aufweisen.[11]

Die Merkmale, die für ein biometrisches Erkennungsverfahren genutzt werden können, werden unterschieden in **physiologische** (auch passive) wie z. B. Iris, Finger, Gesicht und **verhaltensbezogene** (auch aktive) Merkmale, z. B. Stimme, Tastaturanschlag.[12] ‚Passiv' besagt, dass für die Authentifizierung allein die Präsentation des Merkmals bei der Erfassung genügt, während das Wort ‚aktiv', eine Aktion des zu Erfassenden voraussetzt.

Damit ein Merkmal zur Authentifizierung genutzt werden kann, muss es bestimmte Eignungskriterien erfüllen:

- **Universalität**: Das Merkmal sollte möglichst bei jeder Person vorhanden sein.
- **Eindeutigkeit**: Das Merkmal unterscheidet sich bei jeder Person.

---

[9] Vgl. Michael Behrens & Richard Roth: Biometrische Identifikation – Grundlagen, Verfahren, Perspektiven, S. 10.
[10] Vgl. http://www.bromba.com/faq/biofaqd.htm, S. 7 (Stand: 24.02.2009, 17:19).
[11] Vgl. http://www.bromba.com/faq/biofaqd.htm, S. 8 (Stand: 24.02.2009, 17:19).
[12] Vgl. Michael Behrens & Richard Roth: Biometrische Identifikation – Grundlagen, Verfahren, Perspektiven, S. 13.

- **Konstanz**: Über einen längeren Zeitraum gesehen, sollte sich das Merkmal nicht oder nur geringfügig verändern.

- **Messbarkeit**: Es sollte möglichst einfach sein, das Merkmal quantitativ zu erfassen.

- **Anwenderfreundlichkeit**[13]

2.2 Der biometrische Vergleichsprozess

Der biometrische Vergleichsprozess folgt für alle Erkennungssysteme - unabhängig von ihrem individuellen technologischen Aufbau - im Wesentlichen nachfolgendem Grundprinzip.

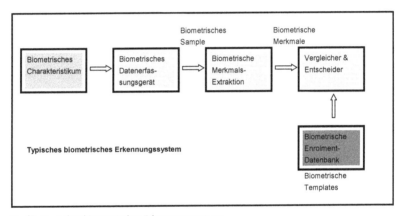

Grafik: Typisches biometrisches Erkennungssystem
Quelle: http://www.bromba.com/faq/biofaqd.htm, S. 6 (Stand: 24.02.2009, 17:19)[14]

Die Personalisierung oder Registrierung des Nutzers im System (ggf. mit User-ID etc.) und die Erfassung des biometrischen Charakteristikums einer Person erfolgen durch einen Sensor, wie z. B. Kamera, Mikrofon, Fingerabducksensor, Tastatur, je nach Art des biometrischen Merkmals. Um die Genauigkeit zu erhöhen, erfolgt diese Erfassung ggf. auch mehrfach unter geänderten Modalitäten. Aus dem entstandenen, evtl. vorverarbeiteten Erkennungssample werden durch Merkmalsextraktion mittels komplexer Algorithmen alle Informationen, die nicht den biometrisch relevanten Eigenschaften einer Person entsprechen, extrahiert. Die zum Zwecke des Vergleiches

---

[13] Vgl. Michael Behrens & Richard Roth: Biometrische Identifikation – Grundlagen, Verfahren, Perspektiven, S. 11.

[14] http://www.bromba.com/faq/biofaqd.htm, S. 6 (Stand: 24.02.2009, 17:19).

gewonnenen Referenzdatensätze werden in sogenannten Templates (Mustern) digital verschlüsselt abgespeichert. Diese sogenannte „Einlernphase" wird auch als Enrolment bezeichnet.[15]

Bei einer erneuten Präsentation des Merkmals identifiziert sich der Benutzer vorab durch User-ID, Namen o. ä. Nach der Merkmalsextraktion werden **Ähnlichkeitsvergleiche** zwischen den Verifikationsdaten und den Templates aus der biometrischen Enrolment-Datenbank durchgeführt. Ein exakter Datenabgleich kann nicht erreicht werden, da das biometrische Merkmal nie in der gleichen Weise dargeboten wird – die Merkmale können sich im Laufe der Zeit beispielsweise durch Alterung, Verletzung, durch äußerliche Veränderungen wie Tragen von Kontaktlinsen, Änderung der Frisur etc. verändern; beim erneuten Scannen desselben Fingers erfolgt ein geringfügiger Positionswechsel oder die Datenaufnahmen werden mit unterschiedlichen Sensoren gemacht usw. Der Merkmalsvergleicher errechnet über einen Vergleichsalgorithmus eine Kennzahl, den Matchingscore, einen Toleranzbereich, in dem biometrische Daten vom System auf **hinreichende Ähnlichkeit** getestet werden. Dieser Matchingscore wird mit dem zuvor festgelegten prozentualen Akzeptanz-Schwellwert verglichen, ab dem eine Person als erkannt gilt. Das System entscheidet, ob die Person zum zugehörigen Referenzmerkmalsdatensatz gehört oder nicht; das Ergebnis ist entweder ein Match und führt zur Akzeptanz oder kein Match, dann führt es zur Rückweisung der Person.[16]

2.2.1 Falschakzeptanz- und Falschrückweisungsrate

Wie leistungsfähig ein System ist, lässt sich daraus ableiten, in welchem Maß unberechtigte Personen vom System zugelassen bzw. berechtigte Personen zurückgewiesen werden.

Die **False Acceptance Rate** bzw. **Falschakzeptanzrate (FAR)** weist die Häufigkeit aus, mit der unberechtigte Personen vom System akzeptiert werden. Es handelt sich

---

[15] Vgl. http://www.bsi.bund.de/fachthem/biometrie/dokumente/Technische_Grundlagen.pdf, S. 1
(Stand: 12.03.2009, 09:53).
[16] Vgl. http://www.bsi.bund.de/fachthem/biometrie/einfuehrung.htm, S. 3 (Stand: 11.03.2009, 19:36).

insofern um ein Maß, aus dem Rückschlüsse auf die Sicherheit des Systems gezogen werden können. Je kleiner der Wert, desto sicherer ist das System.[17]

Die **False Rejection Rate** bzw. **Falschrückweisungsrate (FRR)** gibt Auskunft über die Häufigkeit, mit der berechtigte Personen unberechtigterweise vom System zurückgewiesen werden. Dieses sogenannte Komfortmerkmal informiert über die Zuverlässigkeit des Systems. Je kleiner der Wert, desto zuverlässiger ist das System.[18]

Sowohl FAR als auch FRR können nur in Abhängigkeit zum vorgegebenen Schwellwert errechnet werden, wobei sie gegenläufig vom Entscheidungsschwellwert abhängen. Je kleiner die FAR, desto größer die FRR und umgekehrt. Aus diesem Grund müssen FAR und FRR gleichgesetzt werden. Der daraus resultierende Wert beschreibt die Fehlerrate und wird als Equal-Error-Rate[19] bezeichnet. Zur Beurteilung der Leistungsfähigkeit und Verlässlichkeit des Systems sind beide Angaben notwendig.

2.2.2 Weitere Messgrößen zur Performanz eines biometrischen Authentifizierungssystems

Die **Failure to Enrol** bzw. **Falschenrolmentrate (FTE/FER)** gibt Auskunft über die Anzahl erfolgloser Enrolments. Ob eine Testperson vom System erfasst werden kann, ist nicht nur vom Charakteristikum und der Mitwirkung der Person, sondern auch von der Leistungsfähigkeit der Technik abhängig. Eine möglichst kleine **FER** ist die Grundvoraussetzung, um **FAR** und **FRR** niedrig zuhalten. **Die Failure to Acquire Rate (FTA)** ist eine Bewertung des Sensors und gibt als Wert den Anteil der Aufnahmen wieder, die vom System abgelehnt wurden. [20]

3 Verfahren der biometrischen Authentifizierung

Es gibt mittlerweile eine Vielzahl von Körpermerkmalen, die zur Authentifizierung herangezogen werden, wie beispielsweise Fingerabdruck, Gesichtsgeometrie, Ohrform, Retina, Irismuster, Stimme, Unterschrift, Tastenanschlag.

---

[17] Vgl. Veronika Nolde & Lothar Leger: Biometrische Verfahren – Körpermerkmale als Passwort, S. 23, 24.
[18] Vgl. Veronika Nolde & Lothar Leger: Biometrische Verfahren – Körpermerkmale als Passwort, S. 23, 24
[19] Vgl. Veronika Nolde & Lothar Leger: Biometrische Verfahren – Körpermerkmale als Passwort, S. 458.
[20] Vgl. Veronika Nolde & Lothar Leger: Biometrische Verfahren – Körpermerkmale als Passwort, S. 382.

Die Wertigkeit der wichtigsten biometrischen Merkmale für die Verwendung zur Authentifizierung ist aus der nachfolgenden Tabelle ersichtlich, bei der die folgenden Kriterien herangezogen wurden:

- **Komfort** - Unter dem Komfort ist die Benutzerfreundlichkeit z. B. hinsichtlich der Authentifikationsgeschwindigkeit und der Hygiene, zu verstehen. Invasive Techniken dürfen nicht angewendet werden.
- **Genauigkeit** - Die Genauigkeit gibt Auskunft über die Fehlerrate in Bezug auf Eindeutigkeit, Konstanz, Messbarkeit und Sicherheit.
- **Verfügbarkeit** - Die Verfügbarkeit bezieht sich auf den Anteil der Nutzer, der über das entsprechende Merkmal verfügt.
- **Kosten** - Die Kosten beziehen sich in der Hauptsache auf die Anschaffung und Nutzung des geeigneten Datenerfassungssystems.

Biometrisches Charakteristikum	Komfort	Genauigkeit	Verfügbarkeit	Kosten
Fingerprint	ooooooo	ooooooo	oooo	ooo
Unterschrift (dynamisch)	ooo	oooo	ooooo	oooo
Gesichtsgeometrie	ooooooooo	oooo	ooooooo	ooooo
Iris	oooooooo	ooooooooo	oooooooo	oooooooo
Retina	oooooo	oooooooo	ooooo	ooooooo
Handgeometrie	oooooo	ooooo	oooooo	ooooo
Fingergeometrie	ooooooo	ooo	ooooooo	oooo
Venenstruktur der Hand	oooooo	oooooo	oooooo	ooooo
Ohrform	ooooo	oooo	ooooooo	ooooo
Stimme	oooo	oo	ooo	oo
DNA (= DNS)	o	ooooooo	ooooooooo	ooooooooo
Geruch	?	oo	ooooooo	?
Tastenanschlag	oooo	o	oo	o

grün = am besten   rosa = am ungünstigsten

Tabelle 1: Eignung der biometrischen Charakteristika für Erkennungszwecke
Quelle: http://www.bromba.com/faq/biofaqd.htm, S. 9 (Stand: 24.02.2009, 17:19)[21]

---

[21] http://www.bromba.com/faq/biofaqd.htm, S. 9 (Stand: 24.02.2009, 17:19).

Durch die ständige Weiterentwicklung der Verfahren können sich die Ergebnisse dieser Liste nicht unwesentlich verändert haben.

3.1 Kriterien der Auswahl der Authentifizierungsverfahren Fingerabdruck- und Iriserkennung für den Vergleich mit der Stimmerkennung

Für den Vergleich der Chancen und Risiken der Stimmerkennung mit anderen Authentifizierungsmaßnahmen habe ich die Fingerabdruck- und die Iriserkennung ausgewählt. Das Kriterium für die Wahl der Fingerabdruckerkennung ist, dass dieses Verfahren zu den bekanntesten, ausgereiftesten und am häufigsten eingesetzten zählt. Für die Iriserkennung habe ich mich wegen des hohen Sicherheitsgrades dieses Verfahrens (siehe obige Tabelle) entschieden. Zudem sind die Merkmale beider Verfahren physiologischer Art und als vorwiegend randotypisch zu bezeichnen, im Gegensatz zum verhaltensbezogenen, konditionierten Merkmal der Stimme. Gegenwärtig werden sowohl Fingerabdruck als auch Iriserkennung zur Authentifizierung im Rahmen der Terrorismusbekämpfung eingesetzt.

3.2 Stimmerkennung

Die Stimmerkennung nimmt bei den zu vergleichenden Verfahren insofern eine Sonderstellung ein, als sie es kein visuelles Verfahren ist, sondern das vielfältige und komplexe Merkmal akustisch aufgezeichnet wird. Die Einzigartigkeit dieses Merkmals macht es möglich, jede Person eindeutig anhand der Stimmdynamik, der Tonhöhe und Wellenform zu identifizieren.[22]

3.2.1 Technische Erfassung

Eine Stimmfrequenzanalyse kann grundsätzlich auf zwei verschiedenen Wegen durchgeführt werden, textabhängig und textunabhängig.

Bei der textabhängigen Version wird mithilfe eines Mikrofons als Sensor ein biometrischer Stimmabdruck in kodierter Form als Referenz erfasst und gespeichert. Hierzu werden vom Anwender per Zufallsgenerator ausgewählte Begriffe bzw. Zahlenfolgen trainiert. Der Stimmabdruck wird in spektrale Anteile zerlegt, d. h. er wird mittels einer Zeit-Frequenz-Transformation in ein Frequenzspektrum umgewandelt, das

---

[22] Vgl. http://www.tab.fzk.de/de/projekt/zusammenfassung/ab76.pdf, S. 36 (Stand: 24.03.2009, 09.33)

aus mehreren hundert Kilobits bestehen kann.[23] Dieses Spektrum enthält hinreichende Informationen zur Stimmerkennung. Bei der Verifizierung spricht der Anwender wiederum vom System ausgewählte Begriffe bzw. Zahlen, sogenannte Schlüsselwörter nach, die dann mit dem Template per Spektralanalyse verglichen werden. Durch die Erhöhung der Anzahl sowohl der gespeicherten als auch der abgefragten Begriffe bzw. Zahlen kann die Sicherheit des Verfahrens noch erhöht werden. Zusätzlich vermeidet die Schlüsselwortliste, dass für die Erkennung ungeeignete Begriffe bzw. Zahlen verwendet werden.

Die textunabhängige Stimmerkennung dient in der Hauptsache der Personenidentifikation. Das gespeicherte Referenzmuster umfasst ein mengenmäßig größeres Stimmprofil, da der Abgleich sich nicht auf ein Wort, sondern allgemein auf die Sprache einer Person bezieht. Von Nachteil sind die große Datenmenge auf dem Server und die längere Einlernphase.[24]

Die folgenden Sicherheitswerte werden bei der Stimmerkennung erreicht:

- Erkennungszeit 0,5 Sekunden + Sprechzeit
- Falsche Akzeptanz (FAR): ca. 0,9%
- Falsche Rückweisung (FRR): ca. 4,3% bei 3 Versuchen (erhöhte FRR bei Frauen)[25]

3.2.2 Einsatzbereiche

Die Stimmerkennung wird hauptsächlich aus der „Ferne", d.h. für Telefon-basierte Transaktionen genutzt. Einsatzbereiche sind u. a. im IT-Help für den telefonischen Passwort-Reset, Telebanking, Teleshopping oder generell alle datenschutzrechtlich bedenklichen Auskünfte, die über das Telefon abgewickelt werden. Die Deutsche Telekom bietet mit dem Produkt VoiceIdent eine durch Sicherheitszertifikat des BSI bestätigte „schnelle, einfache und sichere Authentifizierung"[26] beim Telebanking, bei Teleshopping oder zum Passwort Reset.

---

[23] Vgl. http://www.itwissen.info/definition/lexikon/Stimmerkennung-voice-verification.html (Stand: 02.03.2009, 09:52).

[24] Vgl. http://security.magnus.de/viren-trojaner/artikel/neue-verfahren-zur-authentifizierung (Stand: 07.03.2009, 08:23).

[25] Vgl. Veronika Nolde & Lothar Leger: Biometrische Verfahren – Körpermerkmale als Passwort, S. 60, ff.

[26] http://mwl.telekom.de/produkte/printversion.php?id=5502 (Stand: 14.03.2009, 20:22).

3.2.3 Vorteile, Chancen und Risiken

Der wesentliche Vorteil des Verfahrens liegt in der ausgeprägten Anwenderfreundlichkeit, da eine Sprechverifikation von jedem Ort per Festnetz- bzw. Mobiltelefon ausgeführt werden kann und keine zusätzliche Hardware erforderlich ist. Durch die ausschließliche Abwicklung der Bankgeschäfte per Telebanking oder via Internet können Direktbanken auf Filialen mit dem dazugehörigen Personal verzichten und senken somit ihre Vertriebskosten. Die Kunden profitieren von günstigeren Konditionen bzw. niedrigeren Gebühren und dem Zugang zu ihren Konten rund um die Uhr. Durch telefonischen Passwort-Reset werden für den Benutzer lange Warte- und Ausfallzeiten vermieden. Hohe Administrationskosten, wie sie bei Passwörtern aufgrund der hohen Anforderungen an den Nutzer anfallen, können gesenkt und die gewonnene Zeit kann zur Produktionssteigerung genutzt werden.

Die Stimme ist ein verhaltensbezogenes biometrisches Merkmal, das sich im Laufe eines Lebens verändert. Dabei spielen auch physiologische Veränderungen wie die Länge der Stimmbänder, das Volumen des Resonanzkörpers, körperliche Beeinträchtigungen wie Erkältung und Heiserkeit oder erworbene Sprachgewohnheiten wie Dialekt und Akzent eine Rolle, die zur irrtümlichen Ablehnung des Berechtigten führen können.[27] Eine besondere Gefahr für die Sicherheit besteht in der Zulassung eines Unberechtigten durch Imitation der Stimme. Die zur Verfügung stehenden Geräte kämpfen mit einem signifikanten Problem. Aufgrund der fehlenden Genauigkeit ist die Toleranzschwelle sehr hoch, was wiederum eine hohe FRR nach sich zieht. Das erhöht zwar dass Sicherheitslevel, ist aber durch die hohe Abweisungsrate Berechtigter benutzerunfreundlich.

„Auch die Qualität der Leitung und Hintergrundgeräusche können das Ergebnis beeinflussen"[28]. Zwar bieten neue Techniken bereits Filter, die die Störgeräusche größtenteils minimieren, ein gewisser Störpegel lässt sich jedoch nie komplett ausschalten.[29]

3.3 Fingerabdruckerkennung

Die Identifizierung von Menschen anhand ihrer Fingerabdrücke gehört zu den ältesten biometrischen Verfahren, die wissenschaftlich untersucht und weiterentwickelt wurden.

---

[27] Vgl. Veronika Nolde & Lothar Leger: Biometrische Verfahren – Körpermerkmale als Passwort, S. 60.
[28] http://www.tagesschau.de/inland/meldung73854.html (Stand: 04.03.2009, 15:02).
[29] Vgl. http://www.tagesschau.de/inland/meldung73854.html (Stand: 04.03.2009, 15:02).

Jeder Mensch hat ein einzigartiges, unverwechselbares Fingerbild, das ein Leben lang Bestand hat, auch über den Tod hinaus. Bei der biometrischen Vermessung wird ein Abdruck der Papillarleisten am Ende eines Fingers, auch Fingerkuppen genannt, angefertigt. Diese sogenannten Hautleisten bestehen aus Wirbeln, Spiralen, Gabelungen und Linienenden. Im Zusammenspiel mit den Unterbrechungen und Verzweigungen der Papillarleisten, den sogen. Minuzien, ist jede Fingerkuppe an einer Hand unterschiedlich und hinterlässt Fingerabdrücke.[30]

3.3.1 Technische Erfassung

Die Aufnahme des Bildes kann kontaktbehaftet oder berührungslos erfolgen. Bei der Technik, die am häufigsten zur Erfassung des Fingerabdrucks angewendet wird, wird der Finger auf ein dafür vorgesehenes Prisma gelegt. An den Berührungsstellen der Haut mit dem Prisma wird Licht gestreut, und das entstehende Bild wird mit einer CCD-Kamera (Charge-coupled Device) aufgenommen.

Es gibt auch andere Aufnahmeverfahren, die mit Ultraschall oder Wärme/Druck arbeiten. Diese Verfahren sind in der Praxis noch nicht so weit verbreitet. Allen gemein ist die Erzeugung eines digitalen Graustufenbildes. Die anschließende Bildverarbeitung und Verifikation kann grundsätzlich auf zwei Arten erfolgen:

1. Nach der Bildaufbereitung werden im Wege der Merkmalsextraktion die Minuzien nach Art, Lage und Richtung als Referenzdatensatz erfasst. Bei der Verifikation werden die Minuzien erneut vermessen und der neu entstehende Datensatz mit dem Referenztemplate per Algorithmus verglichen.[31]

2. Das Bild wird für die Musterklassifizierung aufbereitet und der Fingerabdruck Algorithmus-gestützt in einer der drei Hauptfingerklassen eingeordnet. Der Musterbereich wird als Datensatz gespeichert. Bei der Verifikation wird nachgeprüft, ob das Bildelement des präsentierten Fingers auch mit dem Bildelement des Datensatzes übereinstimmt. Dieses Verfahren ist nur noch in daktyloskopischen Systemen - beispielsweise beim BKA - im Einsatz.[32]

---

[30] Vgl. http://www.bsi.bund.de/fachthem/biometrie/dokumente/Fingerabdruckerkennung.pdf, S. 1 (Stand: 12.03.2009, 11:02).
[31] Vgl. http://www.bsi.bund.de/fachthem/biometrie/dokumente/Fingerabdruckerkennung.pdf, S. 2 (Stand: 12.03.2009, 11:02).
[32] Vgl. http://www.bsi.bund.de/fachthem/biometrie/dokumente/Fingerabdruckerkennung.pdf, S. 2 (Stand: 12.03.2009, 11:02).

Beide Verfahren weisen ähnliche Sicherheitswerte auf. Die Erkennungszeit kann jedoch im ersten Fall etwas länger sein.

- Erkennungszeit: 0,5 bis 1 Sekunde
- FAR - Falsche Akzeptanz: : ca. 0,0001%
- FRR - Falsche Rückweisung: ca. 5% [33]

3.3.2 Einsatzbereiche

Die Haupteinsatzbereiche der Fingerabdruckerkennung sind derzeit - abgesehen von der Kriminaltechnik - in der Sicherheitstechnik im Bereich der Zutrittskontrolle, des Zugangs zu PCs, Arbeitsplatzrechnern, IT-Applikationen, Netzwerken, der Zeiterfassung, der Grenz- bzw. Einreisekontrolle und der Terrorismusbekämpfung. Anwendung findet dieses Verfahren auch beim Check-in einiger Fluggesellschaften und bei der Nutzeridentifikation bei mobilen Computern bzw. Notebooks, die mit Fingerabdruckscannern ausgerüstet sind.

3.3.3 Vorteile, Chancen und Risiken

Die Fingerabdruckerkennung ist das bekannteste, ausgereifteste und aufgrund der hohen Erkennungsleistung derzeit am häufigsten angewendete biometrische Authentifizierungsverfahren. Durch den Abgleich der im ePass gespeicherten Abdrücke soll u. a. die innere und äußere Sicherheit eines Landes vor terroristischer Bedrohung gewährleistet werden. Die Minuzienanordnungen, die in der Hauptsache zum Authentifizierungsvergleich herangezogen werden, sind vornehmlich randotypischer Art, d. h. nicht vererbbar und somit einmalig. Dennoch kann das Erkennungsverfahren nicht generell in den vorgenannten Einsatzbereichen genutzt werden. So kann die Erfassungsgenauigkeit bei den in der Regel genutzten optischen Sensoren bis hin zur Nichterkennung durch schmutzige Finger beeinflusst werden. Das heißt, das Verfahren eignet sich eher für den Einsatz in „sauberer" Umgebung, wie sie bei Bürogebäuden, Banken usw. vorzufinden ist. Bei Werkstattbetrieben bzw. Produktionsstätten, in denen Schmutzpartikel in irgendeiner Form anfallen oder/und die Gefahr von Verletzungen gegeben ist, wäre mit einer hohen Nichterkennungs- bzw. Abweisungsrate zu rechnen. Ebenso können trockene oder feuchte Finger, körperliche Einschränkungen oder

---

[33] Vgl. Veronika Nolde & Lothar Leger: Biometrische Verfahren – Körpermerkmale als Passwort, S. 39,40.

schwache Merkmalsausprägung eine Erkennung verhindern oder unmöglich machen.[34].
Hygienische Bedenken bestehen hauptsächlich bei öffentlichen Sensoren z. B. an
Bankautomaten oder Werkstoren.

Sicherheitsbedenklich sind die an den optischen Sensoren zurückgebliebenen latenten
Abdrücke, die durch Abnahme oder Kopie zur Erstellung von Fingerabdruckatrappen
verwendet werden können.[35] Die Gefahr besteht vor allem bei Einsatzbereichen, die
nicht durch Dritte eingesehen werden können. Zur Vermeidung des Missbrauches durch
Täuschung mit gut erfassten Abbildern, beispielsweise mit Hilfe eines Silikon- oder
Gelatinefingers, oder im Extremfall mit einem abgeschnittenen Finger, ist
Lebenderkennung notwendig. Mit dem Einsatz kontaktfreier Sensoren in Kombination
mit Temperatursensor oder Pulsmessung etc., also integrierter Lebend- und
Falschfingererkennung im System, können viele dieser Nachteile ausgeräumt werden,
wird jedoch auch die Authentifizierungszeit erhöht.[36] Die Anschaffung dieser Geräte ist
eine Kosten-/Nutzen-Frage. Anzumerken ist, dass es bei der Bevölkerung nach wie vor
Akzeptanzschwierigkeiten hinsichtlich der Hygiene bei der Benutzung optischer
Sensoren und der Persönlichkeitsrechte gibt, da die Fingerabdruckerkennung in der
Hauptsache mit Kriminalität in Verbindung gebracht wird.

3.4 Iriserkennung

Zwischen der Iris, auch Regenbogenhaut genannt, und der Hornhaut des menschlichen
Auges befinden sich komplexe Bindegewebsstrukturen, die bei jedem Menschen
unterschiedlich sind - selbst bei eineiigen Zwillingen - und sich auch im Laufe des
Lebens kaum verändern.[37]

3.4.1 Technische Erfassung

Bei der Iriserkennung wird das Auge mit Licht im nahen Infrarotbereich erfasst, um die
Strukturen des Bindegewebes, vor allem bei Menschen mit dunkler Augenfärbung,
besser erkennbar zu machen. Durch diese Methode ist die Aufnahme für den Nutzer
blendfrei. „Aus den Aufnahmen wird mit speziell für diesen Zweck entwickelten
mathematischen Methoden ein eindeutiger Datensatz gebildet, der als Template für die

---

[34] Vgl. Michael Behrens & Richard Roth: Biometrische Identifikation – Grundlagen, Verfahren,
Perspektiven, S. 87
[35] Vgl. http://www.ccc.de/biometrie/fingerabdruck_kopieren (Stand 18.03.2009, 17.48)
[36] Vgl. Michael Behrens & Richard Roth: Biometrische Identifikation – Grundlagen, Verfahren,
Perspektiven, S. 99
[37] Vgl. http://www.bsi.bund.de/fachthem/biometrie/verfahren/iris.htm (Stand: 12.03.2009, 13:26).

biometrische Erkennung dient"[38]. Bei diesem Verfahren werden sehr hohe Sicherheitswerte erreicht.

- Erkennungszeit: 1-2 Sekunden
- Falsche Akzeptanz: < 0,0001%
- Falsche Rückweisung: 0,1 bis 2% [39]

3.4.2 Einsatzbereiche

Bekannt ist der Einsatz von Iriserkennung bei grenzpolizeilichen Einreisekontrollen z. B. in den Vereinigten Arabischen Emiraten oder den USA sowie bei der Kontrolle von geschützten Bereichen im Irak durch die USArmy.[40] Weitere Anwendungen bestehen in der Zutrittskontrolle zu Hochsicherheitsbereichen, bei automatisierten Grenzkontrollen z. B. an den Flughäfen Frankfurt, Schiphol und Heathrow und bei der Sicherung von Banken, Rechenzentren und Tresorräumen.

3.4.3 Vorteile, Chancen und Risiken

Durch die hochkomplexe Struktur und Unveränderlichkeit des Charakteristikums gilt die Iriserkennung als relativ fälschungssicher. Bestätigt wird diese Aussage durch die geringe FAR, folglich ist das Verfahren häufig in Hochsicherheitsbereichen bzw. Bereichen von besonderer Brisanz anzutreffen. Sowohl bei den polizeilichen Einreisekontrollen als auch bei den automatisierten Grenzkontrollen und in den Bereichen des Militärs soll durch Iriserkennung im Wege der Terrorismusbekämpfung bzw. Spionage sichergestellt werden, dass keine der kontrollierten Personen eine falsche Identität aufweist. Bei den automatisierten Grenzkontrollen der vorgenannten Flughäfen soll die Iriserkennung für Vielflieger auf freiwilliger Basis die herkömmliche Ausweiskontrolle ersetzen. Die Verifikation durch Ähnlichkeitsvergleich mit den Referenzdaten erfolgt auf der mitgeführten Chipkarte bzw. mit den in der lokalen Datenbank gespeicherten Referenzdaten[41]. Die Reisenden ersparen sich lange Warteschlangen, der Durchgang wird enorm erleichtert. Zur Sicherung von Banken, Tresorräumen und Rechenzentren ist es von besonderer Wichtigkeit, dass nur

---

[38] http://www.bis.de/literat7faltbl/F23Biometrie.htm, S. 5 (Stand: 13.03.2009, 10:12).

[39] Vgl. Veronika Nolde & Lothar Leger: Biometrische Verfahren – Körpermerkmale als Passwort, S. 49, ff.

[40] Vgl. http://www.taz.de/1/archiv/dossiers/dossier-ueberwachung/biometrie/artikel/1/biometrische-systeme-im-einsatz/ (Stand: 19.03.2009, 14:36).

[41] Vgl. http://www.taz.de/1/archiv/dossiers/dossier-ueberwachung/biometrie/artikel/1/biometrische-systeme-im-einsatz/ (Stand: 19.03.2009, 14:36).

autorisierte Personen Zugang erhalten. Anvertraute Vermögenswerte, Kundendaten etc. sind zur Vermeidung von Kapitalschäden bzw. Datenmissbrauch in besonderem Maße zu schützen. Um die hohen technischen Anforderungen zu erfüllen, haben diese Systeme entsprechend hohe Preise.

Ein niedrigeres Preissegment steuert der japanische Hersteller OKI an, um Handys künftig besser abzusichern. Die Firma hat ein Telefon entwickelt, das ohne zusätzliche Infrarot-Kamera auskommt. Stattdessen will der Hersteller die integrierten oder externen Fotokameras der Handys oder PDAs nutzen. Der Scanner soll den Handynutzer dann zwischen einer halben und einer Sekunde erkennen, bei einer minimalen Fehlerquote.[42] Eine Chance für kleinere und mittlere Unternehmen bietet die Firma byometric systems, die mit ihrem Produkt byoAccess die Nutzung der Iriserkennung für die Zutrittskontrolle sowie Zeiterfassung mit geringerem Kostenaufwand ermöglichen will.[43]

Kontaktlinsenträger können das Iriserkennungsverfahren allgemein ohne Komplikationen nutzen. Bei Brillenträgern ergibt sich eine signifikante Rückweisungsrate, die mit Spiegelungen, Reflexionen etc. bei der Irisaufnahme zusammenhängt.[44]

Eine Täuschung des Iris-Erkennungssystems ist aufgrund der ausgereiften Technik nahezu ausgeschlossen. Selbst die abschreckende Vorstellung, dass sich jemand eines fremden Auges bedient und es in die Kamera hält, um sich für diese Person auszugeben, funktioniert nicht. Die Pupille würde sich in diesem Fall auf über 80 Prozent ausdehnen und zusätzlich wäre die Hornhaut getrübt. Auch extra angefertigte Kontaktlinsen, die eine Iris imitieren sollen, kann das System von einer richtigen Iris unterscheiden. Im Gegensatz zu einer gewölbten Kontaktlinse ist die Iris nahezu flach.[45]

Ein Risiko für den Nutzer der Iriserkennung besteht darin, dass die in begrenztem Maße vorhandenen Hinweise auf Krankheiten wie beispielsweise Diabetes, Bluthochdruck oder Alkohol- bzw. Drogenmissbrauch datenmissbräuchlich verwendet werden. Die Iriserkennung wird aufgrund von evtl. Positionierungsproblemen je nach Sensor bei der

---

[42] Vgl. http://www.onlinekosten.de/news/artikel/27118/0/Sicherheit-Technik-mit-Iris-Venen-oder-Finger-Scan (Stand: 24.02.2009, 17:19).

[43] Vgl.http://www.heise.de/ix/artikel/2008/12/112 (Stand: 05.03.2009, 14:45).

[44] Vgl. http://www.bsi.bund.de/literat/studien/biop/biopabschluss2.pdf, S. 129 (Stand: 12.03.2009, 16:09).

[45] Vgl. http://www.heise.de/newsticker/Eindeutige-Identifikation-durch-Iris-Scan--/meldung/20049 (Stand: 05.03.2009, 10:02).

Bildaufnahme und der - unbegründeten - Angst durch Strahlenschäden nur bedingt von den Nutzern akzeptiert.

4 Datenschutz und Datensicherheit

Biometrische Daten sind personengebunden und können in der Regel nicht entwendet oder weitergegeben werden bzw. verloren gehen. Die direkte Zuordnung zu einer bestimmten Person lässt sie für Authentifizierungsverfahren geeigneter erscheinen als beispielsweise PIN oder Passwort. Andererseits sind biometrische Merkmale keine Geheimnisse, sie werden mitunter unweigerlich hinterlassen (Fingerabdruck, Stimme) und können durch unbemerkte Erfassung missbräuchlich genutzt werden. Beispielhaft hierfür ist ein Abdruck auf einem Wasserglas oder Sensor, der durch Merkmalskopie zur unbefugten Authentifizierung z. B. bei einer Geldtransaktion benutzt wird, mit mitunter schwerwiegenden Folgen.

Zum Schutz vor Kenntnisnahme Unbefugter oder Missbrauch unterliegen diese hochsensiblen Daten den einschlägigen Datenschutzgesetzen wie Bundesdatenschutzgesetz (BDSG), Landesdatenschutzgesetz (LDSG) und Sozialgesetzbuch (SGB). Generell dürfen personengebundene Daten gem. § 4 Abs. 1 des BDSG nur erhoben, verarbeitet und genutzt werden, wenn es dafür **eine gültige Rechtsgrundlage gibt** oder **die betroffene Person eingewilligt hat**.[46]

Da eine Speicherung bzw. Hinterlegung von biometrischen Daten ein Risiko hinsichtlich des Selbstbestimmungsrechtes des Nutzers birgt, sollte nach dem Grundsatz der Datensparsamkeit so wenig wie möglich Gebrauch davon gemacht werden bzw. nur solche Daten erhoben und gespeichert werden, die für die eigentliche Erkennung auch tatsächlich notwendig sind. Überschussinformationen, die u. a. Hinweise auf die ethnische Herkunft, das Geschlecht, die Veranlagung oder die Gesundheit des Nutzers geben können, sind durch Extraktion möglichst auszuschließen. Der Datenschutz sollte bereits durch Integration in die technische Gestaltung der Verfahren realisiert werden und durch organisatorische Kontrolle ergänzt werden. Es ist sicherzustellen, dass nur autorisierte Personen Zugriff auf die Daten haben.

---

[46] Vgl. Bundesministerium für Justiz, Bundesdatenschutzgesetz. "Bundesdatenschutzgesetz in der Fassung der Bekanntmachung vom 14. Januar 2003 (BGBl.I S. 66), zuletzt geändert durch Artikel 15 Abs. 53 des Gesetzes vom 5. Februar 2009(BGBl. I S. 160)"

Einen gewissen Schutz davor, dass mit biometrischen Daten ein unmittelbarer Personenbezug hergestellt werden kann, bietet die Extraktion der Rohdaten in Referenztemplates. Dies ist aber schon bei Kenntnis des Rechenverfahrens nicht mehr ausreichend. Durch generelle Verschlüsselung bei der Speicherung bzw. Übertragung, Pseudonymierung oder Anonymisierung, soll dieser Rückschluss verhindert werden. Ein Diebstahl von unverschlüsselten Daten im großen Stil und die Anfertigung von kopierten Templates könnten dem Einsatz von Biometrieverfahren langfristig und eventuell dauerhaft schaden. Eine dezentrale Speicherung des Referenztemplates, möglichst in der alleinigen Verfügungsgewalt des Nutzers wie beim ePass, ist einer zentralen Speicherung vorzuziehen. Gleichzeitig wird gewährleistet, dass ein Zugriff auf die Daten und die Verifizierung nur mit Wissen des Nutzers erfolgen kann.

Auch wenn die oben beschriebenen Sicherheitsvorkehrungen eingehalten werden, ist damit keine absolute Datensicherheit gewährleistet, denn kein System kann eine 100 %ige Erkennung garantieren, sondern allenfalls eine hinreichende Ähnlichkeit.[47] Zur tatsächlichen Einschätzung der Sicherheit eines Verfahrens müssen ebenfalls Falschakzeptanzrate und die Sicherheitsmaßnahmen gegen Angriffe auf das System Berücksichtigung finden. Für jeden Nutzer biometrischer Verfahren gilt, sorgsam mit dem System und den Daten umzugehen.

5   Chancen und Risiken der Stimmerkennung im Vergleich zur Fingerabdruck- und Iriserkennung

Die nachfolgende Tabelle vergleicht die biometrischen Verfahren Stimmerkennung, Fingerabdruck- und Iriserkennung hinsichtlich der Sicherheit, des Komforts, der Anwenderfreundlichkeit und der Kosten miteinander.

---

[47] Vgl. https://www.datenschutzzentrum.de/projekte/biometrie/bioundds.htm (Stand: 18.03.2009, 08:06).

	Erkennungszeit	FAR	FRR	Kosten[48]
Stimmerkennung	0,5 Sekunden	0,9%	4,3%	günstig
Fingerabdruckerkennung	0,5-1 Sekunde	ca. 0,0001%	ca. 5%	mittel
Iriserkennung	1-2 Sekunden	< 0,0001%	0,1-2%	teuer

Tabelle 2: Vergleich der biometrischen Verfahren Stimmerkennung, Fingerabdruck und Iriserkennung hinsichtlich der Sicherheit, des Komforts, der Anwenderfreundlichkeit und der Kosten

Wenn man nur den Sicherheitsfaktor bewertet und die anderen Kriterien vernachlässigt, müsste man bei der Auswertung der Tabelle zu dem Ergebnis kommen, dass die Iriserkennung aufgrund der hervorragenden Sicherheitswerte das beste System für alle Zwecke ist. Richtig ist aber, dass jedes Einsatzgebiet andere Anforderungen an das System bzw. Authentifizierungsverfahren stellt. Allerdings hängen die Sicherheitsanforderungen eng mit der Einsatzart zusammen.

Beispielsweise müssen am Flughafen unzählige Menschen mit viel Personalaufwand in kürzester Zeit bei der Passkontrolle, der Aufgabe des Gepäcks und dem Check-In abgefertigt werden. Für diesen Einsatzbereich ist die Iriserkennung gefragt, denn Sicherheit hat hier oberste Priorität und rechtfertigt die hohen Kosten des Verfahrens. Eine Stimmerkennung ist dagegen, abgesehen vom Sicherheitsfaktor, nicht ideal für einen menschenüberfüllten Platz, an dem es selten ruhig ist. Der ständige Störpegel durch Unruhe und Lärm könnte die Verifikation unnötig verkomplizieren, in die Länge ziehen oder sogar verhindern, was die Effektivität des Systems für diesen Einsatzbereich schwächt. Die Gewährleistung der Einhaltung des gewünschten Sicherheitsniveaus könnte dementsprechend nicht garantiert werden.

Das Gleiche gilt für Zutrittssysteme, die personalmäßig stark frequentiert werden. Eine Authentifizierung durch Fingerabdruckerkennung ist hier die geeignetere Maßnahme. Die Stimmerkennung eignet sich im Gegensatz zur Fingerabdruck- und zur Iriserkennung folglich nicht für Authentifizierungsverfahren mit großem Menschenaufkommen.

---

[48] Vgl. Veronika Nolde & Lothar Leger: Biometrische Verfahren – Körpermerkmale als Passwort, S. 315.

Die Chancen zur Verbreitung der Stimmerkennung als Authentifizierungsverfahren gegenüber der Fingerabdruck- und der Iriserkennung liegen eindeutig in der Anwenderfreundlichkeit, dem geringeren Kostenaufwand und der hohen Verfügbarkeit. Für den Einsatz beim Nutzer genügt ein Telekommunikationsgerät in Form eines Festnetz- oder Mobilfunktelefons bzw. eines Computers. Die meisten privaten Computer besitzen in der heutigen Zeit bereits die benötigten Hardwarekomponenten, sodass nur noch ggf. die Software für die Stimmerkennung benötigt wird, während bei der Fingerabdruck- und Iriserkennung spezielle Aufnahmesensoren angeschafft werden müssen. Für einen Kostenvergleich der Authentifizierungsverfahren ist jedoch nicht nur der Anschaffungspreis zu berücksichtigen. Einzubeziehen sind die vergleichbaren Herstellungs-Stückzahlen. Des Weiteren müssen in die Kalkulation die Installations- und Einführungskosten, Kosten des Betriebs sowie die Lebensdauer der Geräte mit einfließen. Die ständig wechselnden Preise aufgrund fortschreitender Technik, des Auftretens neuer Hersteller und des Herstellerkonkurrenzdruckes lassen einen genauen Kostenvergleich nicht zu. Allgemein lässt sich jedoch die Aussage treffen, dass die Gesamtkosten bei einer Einführung der Stimmerkennung am niedrigsten sind.

Man kann unterstellen, dass die Berührungsängste mit dieser relativ neuen Technologie klein sind, da die Sprache ein natürliches Instrument ist, mit dem wir tagtäglich ganz selbstverständlich umgehen. Akzeptanzprobleme aufgrund gesundheitlicher Bedenken oder Schwierigkeiten bei der Merkmalspräsentation wie bei dem Verfahren der Iriserkennung und kriminologische Assoziationen bzw. hygienische Bedenken wie bei der berührungsintensiven Fingerabdruckerkennung scheiden aus diesem Grunde aus. Damit ist die Zielgruppe weit gestreut. Nahezu alle Altersschichten, die telefonieren können, sind potentiell mögliche Befürworter dieses Verfahrens.

Die Risiken der Stimmerkennung liegen darin begründet, dass im Gegensatz zu Fingerabdruck- und Iriserkennung die Systeme zur Aufzeichnung des Merkmals zzt. noch nicht ausgereift sind und den Sicherheitsanforderungen nicht genügend entsprechen. Das führt dazu, dass zu viele autorisierte Personen abgelehnt oder nichtautorisierte Personen Zutritt erlangen. Grund hierfür ist, dass das akustisch präsentierte Stimmmerkmal ein verhaltensbezogenes Charakteristikum ist, das den bereits erwähnten unbeeinflussbaren, erworbenen oder antrainierten Veränderungen unterliegt. Entsprechend kann es bei der Präsentation zur Verifikation zu Abweichungen vom Referenzdatensatz kommen. Eine Erhöhung des Toleranzschwellwertes versucht

das auf Kosten der Sicherheit auszugleichen. Weitere Risikofaktoren sind ein erhöhter Störpegel bei den Aufzeichnungen und die Möglichkeit des Datenmissbrauchs infolge Abhörens bei der Datenübertragung.

Im Gegensatz dazu, verändern sich die physiologischen Merkmale des Fingerabdruckes und insbesondere der Iris im Normalfall im Laufe des Lebens kaum bis wenig, was Sicherheit durch Vorgabe eines niedrigeren Toleranzschwellwertes beim Ähnlichkeitsvergleich nach sich zieht. Den Risiken durch Merkmalsmissbrauch beim Fingerabdruckverfahren kann entgegengewirkt werden, indem in Einsatzbereichen mit Missbrauchsgefahr die integrierte Lebendfingerkontrolle eingesetzt wird. Hier spielt die Kosten-Nutzen-Frage eine Rolle.

Das erhöhte Risiko, dass bei zentraler Speicherung der hochsensiblen Referenzdaten Unbefugte Kenntnis erlangen und dadurch die Möglichkeit des Missbrauches besteht, ist bei allen drei Authentifizierungsverfahren gegeben. Es wird jedoch unterstellt, dass die geeigneten Maßnahmen des Datenschutzes zur Sicherung von Datenbanken zum größtmöglichen Schutz eingesetzt werden.

6   Fazit

Die sich aus dem Vergleich mit den Authentifizierungsverfahren Fingerabdruck- und Iriserkennung ergebenden Chancen und Risiken für die Stimmerkennung, sind eng mit den Vor- und Nachteilen der Vergleichsverfahren verknüpft. Durch das gesteigerte Interesse am Telebanking und den ständig steigenden Bedarf nach mobilen Datenzugriffen, wäre die Stimmerkennung für den Einsatz bei sprachbasierter Authentifizierung prädestiniert. Den Chancen für eine größere Verbreitung der Stimmerkennung durch ausgeprägte Anwenderfreundlichkeit, geringeren Kostenaufwand, hohe Verfügbarkeit und Benutzerakzeptanz gegenüber Fingerabdruck- und Iriserkennung stehen aufgrund der mit den Merkmalseigenschaften verbundenen Systemschwierigkeiten, Risiken der Datensicherheit der zentralen Speicherung der Referenzdaten, der Manipulationsmöglichkeiten durch Kenntnisnahme Unbefugter und missbräuchliche Weiterverwendung entgegen. Diese Faktoren sind abzuwägen und stehen aufgrund des Sicherheitsrisikos meiner Meinung nach einer Nutzung des Verfahrens entgegen.

Einem Einsatz der Stimmerkennung bei vermeintlich weniger risikobehafteten Einsatzgebieten, wie beispielsweise bei unternehmensinterner Anwendung im IT-Help für den telefonischen Passwort-Reset oder dem mobilen Zugang von Service-Außendienstmitarbeitern zu Unternehmensdaten, halte ich für vertretbar.

Die Zertifizierung der Zuverlässigkeit des Produktes „VoiceIdent" der Deutschen Telekom durch das Bundesamt für Sicherheit in der Informationstechnik (BSI) kann ein erster Schritt zur größeren Akzeptanz des biometrischen Verfahrens Stimmerkennung zur Authentifizierung sein. Wird durch technischen Fortschritt eine vertretbare Minimierung des Sicherheitsrisikos auf breiter Basis erreicht, bieten die genannten Vorzüge des Verfahrens eine Chance zu dessen Etablierung.

Zu diesem Zeitpunkt halte ich sowohl die Fingerabdruck- als auch die Iriserkennung als Authentifizierungsverfahren - in Abwägung der Einsatzbereiche - für die sicherere Variante. Ein Restrisiko bleibt auch hier immer bestehen.

Glossar

Das Glossar stellt die aus meiner Sicht wichtigsten Begriffe zusammengefasst dar. Es soll als ein Hilfsmittel zum Verständnis dieser Arbeit fungieren. Des Weiteren sind diese Begriffe für eine Bewertung von biometrischen Authentifizierungsverfahren unerlässlich.

Enrolment

Anlegen eines Referenzdatensatzes, mit dem das (Anfrage-) Template verglichen wird. Während des Enrolments wird die Erfassung des gleichen Merkmals mehrfach wiederholt und ein Mittel gebildet.

Template

Die Daten, die aus dem Sensorabbild bei jedem Authentifikationsversuch erzeugt werden, nennt man (Anfrage-)Template. Dieses wird mit einem - in der Regel auf einem Dauerspeicher abgelegten - (Referenz-)Template verglichen, das vorher beim Enrolment erzeugt wurde.

Algorithmus

Das mathematische Verfahren, mittels dessen das aktuelle Merkmal mit dem gespeicherten Muster verglichen wird. Mit diesem Verfahren wird ebenfalls das zu speichernde Muster errechnet.

Anonymisierung

Eine starke Veränderung personenbezogener Daten, so dass diese Daten nicht mehr einer Person zugeordnet werden können.

Pseudonymierung

Der Name oder ein anderes Identifikationsmerkmal wird durch ein Pseudonym ersetzt, beispielsweise eine mehrstellige Buchstaben- oder Zahlenkombination. Diese Maßnahme erschwert die Identifizierung einer betroffenen Person wesentlich.

Literaturverzeichnis

Jöran **Beel** & Béla Gipp: EPass – der neue biometrische Reisepass, Oktober 2005, Shaker Verlag, 1. Auflage, ISBN: 3-8322-4693-2

Michael **Behrens** & Richard Roth: Biometrische Identifikation – Grundlagen, Verfahren, Perspektiven, November 2001, Friedr. Vieweg & Sohn Verlagsgesellschaft mbH, 1. Auflage, ISBN: 3-528-05786-6

Brockhaus: Enzyklopädie in 30 Bänden, Bd. 4 und 18, 2006, Brockhaus, völlig neu bearbeitete Auflage, ISBN 3-7653-4104-5 u. 3-7653-4118-5

Bundesministerium für Justiz, Bundesdatenschutzgesetz. "Bundesdatenschutzgesetz in der Fassung der Bekanntmachung vom 14. Januar 2003 (BGBl.I S. 66), zuletzt geändert durch Artikel 15 Abs. 53 des Gesetzes vom 5. Februar 2009(BGBl. I S. 160)"

Duden, Das große Fremdwörterbuch: Herkunft und Bedeutung der Fremdwörter, hrs. und bearb. vom Wissenschaftlichen Rat der Dudenredaktion, März 1994, Dudenverlag, ISBN: 3-411-04161-7

Veronika **Nolde** & Lothar Leger: Biometrische Verfahren – Körpermerkmale als Passwort, 2002, Fachverlag Deutscher Wirtschaftsdienst, 1. Auflage, ISBN: 3-87156-464-8

Dr. Manfred **Bromba**: Bioidentifikation, URL: http://www.bromba.com/faq/biofaqd.htm (Stand: 24.02.2009, 17:19)

Bundesamt für Sicherheit in der Informationstechnik: Einführung in die technischen Grundlagen der Authentisierung, URL: http://www.bsi.bund.de/fachthem/biometrie/dokumente/Technische_Grundlagen.pdf, (Stand: 12.03.2009, 09:53)

Bundesamt für Sicherheit in der Informationstechnik: Grundsätzlich Funktionsweise biometrischer Verfahren, URL: http://www.bsi.bund.de/fachthem/biometrie/einfuehrung.htm (Stand: 11.03.2009, 19:36)

Bundesamt für Sicherheit in der Informationstechnik: Untersuchung der Leistungsfähigkeit von biometrischen Verifikationssystemen – BioP 2, URL: http://www.bsi.bund.de/literat/studien/biop/biopabschluss2.pdf (Stand: 12.03.2009, 16:09)

Bundesamt für Sicherheit in der Informationstechnik: Iriserkennung, URL: http://www.bsi.bund.de/fachthem/biometrie/verfahren/iris.htm (Stand: 12.03.2009, 13:26)

Bundesamt für Sicherheit in der Informationstechnik: Fingerabdruckerkennung, URL: http://www.bsi.bund.de/fachthem/biometrie/dokumente/Fingerabdruckerkennung.pdf (Stand: 12.03.2009, 11:02)

Chaos Computer Club e.V.: Wie können Fingerabdrücke nachgebildet werden?, URL: http://www.ccc.de/biometrie/fingerabdruck_kopieren (Stand 18.03.2009, 17.48)

Gitta **Datta** & Jördis Heer: Methoden der Biometrie – Von IrisScan und Stimmerkennung, URL: http://www.tagesschau.de/inland/meldung73854.html (Stand: 04.03.2009, 15:02)

Kathrin **Giese**: Vermessung des Menschen – Biometrische Systeme im Einsatz, URL: http://www.taz.de/1/archiv/dossiers/dossier-ueberwachung/biometrie/artikel/1/biometrische-systeme-im-einsatz/ (Stand: 19.03.2009, 14:36)

Andreas **Grote**: Eindeutige Identifikation durch Iris-Scan, URL: http://www.heise.de/newsticker/Eindeutige-Identifikation-durch-Iris-Scan--/meldung/20049 (Stand: 05.03.2009, 10:02)

Marit **Köhntopp** & Lukas Gundermann: Biometrie und Datenschutz – Beitrag zum Fachseminar Biometrie des TeleTrust e.V. am 6. November 1998 in Bonn, URL: https://www.datenschutzzentrum.de/projekte/biometrie/biounds.htm (Stand: 18.03.2009, 08:06)

Barbara **Lange**: Biometrische Systeme im Unternehmenseinsatz – Unter Kontrolle, URL: http://www.heise.de/ix/artikel/2008/12/112 (Stand: 05.03.2009, 14:45)

Thomas Petermann & Arnold Sauer: Biometrische Identifikationssysteme – Sachstandsbericht, URL: http://www.tab.fzk.de/de/projekt/zusammenfassung/ab76.pdf (Stand: 24.03.2009, 09:33)

Sicherheit: Technik mit Iris-, Venen- oder Finger-Scan, URL: http://www.onlinekosten.de/news/artikel/27118/0/Sicherheit-Technik-mit-Iris-Venen-oder-Finger-Scan (Stand: 24.02.2009, 17:19)

Marina **Tierscheid** & Andreas Gutsche: Hauptseminar Biometrie – Grundlagen der Biometrie, URL: www.uni-koblenz.de/~mtrierscheid/uni/Ausarbeitung-Grundlagen_Biometrie.pdf (Stand: 27.02.2009, 12:18)